LES RUES DE LOUQSOR ET D'ASSOUAN SONT ENCOMBRÉES DE PORTEURS D'EAU. — PHOTOGRAPHIE DE M. GODARD.

UN VOYAGE EN NUBIE

PAR M. E. AMÉLINEAU

I. — Assouan. — Les forçats. — L'embarquement. — La Nubie, sa population. — Les femmes nubiennes. — Caractère sociable des Nubiens. — Paysages nubiens.

PERSONNAGES DE LA RUE A ASSOUAN.

J'AVAIS quitté Abydos le 16 février au soir, pour me rendre à Ouady-Halfah, et le 20 j'étais à Assouan, devenu le chef-lieu d'un second territoire militaire à la frontière depuis l'organisation qui a suivi la conquête d'une partie du Soudan par Kitchener-pacha. Quelle différence avec ce que j'avais vu lors de mon premier voyage en 1885!

Le service des voyageurs se faisait alors sur les bateaux-poste dont la marche était à la merci des circonstances, dont le confortable était encore dans le néant d'où il n'a jamais pu sortir, où les voyageurs étaient entassés dans des sortes de cales décorées du nom de salon, où l'on était susceptible de recevoir la nuit d'étranges visiteurs, comme le rat que je surpris grimpant sur la couverture de voyage dont je m'étais enveloppé. Il faut l'avouer sans hésiter ; sous ce point de vue M. Cook a du bon. Quel changement aussi dans l'aspect de la petite ville! Il n'y avait jadis ni hôtels, ni maisons construites à l'européenne, partant presque point de voyageurs ; les rares *mercanti* attirés à la suite de l'armée anglo-égyptienne, habitaient sur le fleuve dans leurs petites *dahabiehs* ; la ville était purement égyptienne, mélangée d'Arabes, de Coptes, d'hommes appartenant aux diverses tribus nubiennes, Bischaris, Barabras, etc., et de nègres venus du Soudan involontairement ou volontairement, mais plutôt contre leur gré que de bon gré, car la traite des nègres, bien qu'abolie officiellement, s'exerçait au su et au vu de tout le monde en Égypte, mais était censée ne pas avoir lieu.

Aujourd'hui Assouan est une ville qui n'a conservé qu'une très petite partie de sa physionomie orientale où les Anglais et les Américains oisifs, avec quelques autres Européens, semblent s'être donné rendez-vous pour passer joyeusement l'hiver sous un climat délicieux, où l'on a établi des hôtels avec tout le confortable moderne, où le nombre des bateaux à vapeur, des chalands, des *dahabiehs* ancrées dans le fleuve, donne quelque peu l'idée des grands fleuves de l'Amérique, sillonnés en tous sens par d'énormes bateaux : ce ne sont que joyeux appels lancés par des voix jeunes et cristallines venues de l'autre côté de l'Atlantique, des rires argentins qui éclatent comme des fusées multicolores, à toute heure du jour et presque de la nuit, en des pique-nique, des bourriquades effrénées, mêlés à des concerts sur l'eau ou en des établissements *ad hoc*.

On croirait qu'un coup de baguette magique a transporté à l'autre bout de l'Egypte quelque riche et grand caravansérail du Caire avec tous ceux qui l'occupaient. Quatre fois par semaine, les hôtels flottants de M. Cook apporteront de nombreux voyageurs et remmèneront ceux qui aspirent au retour, si bien que pendant quatre ou cinq mois Assouan semble une ville enchantée où l'on n'a plus souvenir des soucis de la vie, des ennuis du lendemain, où l'on est tout à l'heure présente, pleine de joies, de vie, de plaisirs de toute sorte, loin des peines que semblent avoir multipliées nos sociétés contemporaines.

Mais en sommes-nous si loin ?

Quels sont ces bruits qui atteignent mon oreille ? qu'aperçois-je ? ne suis-je point le jouet d'un rêve qui m'aurait transporté en Europe à mon insu ? Ce bruit, c'est bien le bruit des rails de chemin de fer que l'on décharge, et ces hommes qui les déchargent et les montent deux par deux, du fleuve jusqu'en haut de la berge,... mais ces hommes sont bien des forçats, car voici les chaînes qui les attachent l'un à l'autre et qui leur meurtrissent les pieds, et en outre voici les soldats qui, baïonnette au canon et fusil chargé, sont placés de 20 en 20 mètres pour empêcher toute évasion ! Tout sous ce beau ciel n'est donc pas que rire, jeu et plaisir, puisque j'y retrouve toutes les verrues de nos civilisations occidentales. Ces hommes que j'aperçois peinant, couverts de sueur, mais riant et plaisantant pour la plupart sous le regard de leurs gardiens, comme

À LA RECHERCHE D'UN « BAQSCHISCH » OU D'UNE CORVÉE.

s'ils eussent été dans les champs au temps de la joyeuse moisson, lançant de pénétrants éclairs de leurs yeux farouches, ne travaillant que de force et pouvant à peine se soutenir, me montrent assez que les cruautés nécessaires de nos civilisations peuvent changer en enfer ce paradis enchanté : à côté du rire, du plaisir des heureux, il y a les pleurs et les grincements de dents des malheureux et des coupables. Et combien y a-t-il d'innocents dans ce misérable troupeau que l'on mène avec une verge de fer ? Hélas ! quand on connaît la manière dont s'exerce la justice égyptienne, l'art avec lequel les tribunaux indigènes protègent les riches et frappent les pauvres, on sait à quoi s'en tenir.

Je prends le petit chemin de fer qui va jusqu'à Philæ, rocher granitique se tenant au milieu du fleuve et que la piété fantaisiste des Pharaons égyptiens avait couvert de monuments grandioses. Nous les visiterons au retour, car le bateau va partir, et le pont se couvre déjà de passagers. L'équipage s'empresse, empile les énormes caisses des provisions nécessaires au voyage, charge la prodigieuse quantité de bagages que trente voyageurs peuvent transporter avec eux, car tous ces touristes feront trois ou quatre toilettes par jour, les hommes se mettront en habit pour dîner le soir, les femmes se décolleteront plus ou moins, si bien qu'on emportera Londres ou New York jusqu'au terme du voyage pour les rapporter ensuite avec soi : le monde ne saurait se passer de ces deux grandes villes, et elles n'existeraient pas sans leurs habitants avec tous leurs bagages. Où donc ai-je lu que les Français ne savent pas voyager sans une énorme quantité de bagages ? Celui qui eut cette pensée n'avait jamais vu l'embarquement à Philæ des touristes de M. Cook.

Au milieu de tout le brouhaha causé par l'installation des voyageurs dans les cabines, un coup de cloche se fait entendre : les aubes des roues se mettent à frapper l'eau lentement, régulièrement, et la lourde machine commence à se mouvoir. De la rive montent des adieux dans toutes les langues, les mouchoirs s'agitent, les rires s'égrènent, le bateau accentue sa vitesse, les mouchoirs, les personnes disparaissent peu à peu, l'île même de Philæ s'estompe graduellement au regard des voyageurs, jusqu'au moment où un coude du fleuve la dérobe complètement à la vue, et nous fait entrer dans un monde nouveau.

Le Nil est la seule route qui mène en Nubie. De chaque côté du fleuve, lorsque la montagne s'est un peu éloignée, il y a bien des sentiers courant au travers de l'étroite bande sablonneuse qui est le seul espoir de toute une contrée destinée à être pauvre de toute éternité; mais souvent encore le Nil a eu à se frayer une voie à travers de hauts rochers qui barrent littéralement le passage, et que vous ne pourriez escalader, de quelque agilité que vous soyez doués. A toute nécessité et à toutes les époques, les hommes ont dû employer cette route du fleuve pour se transporter du centre de l'Afrique dans la belle et féconde oasis qu'est l'Égypte.

Je suis de ceux qui croient que la civilisation égyptienne a descendu tout d'abord le Nil avant de recevoir l'appoint d'autres civilisations étrangères à l'Afrique, notamment celui que lui apporta de très bonne heure une invasion des peuples que nous appelons actuellement Sémites. A l'heure où les premiers hommes osèrent s'aventurer, par des terres inconnues, vers des pays nouveaux, montés sur leurs barques légères faites avec l'arbuste qui existe toujours dans le Nil supérieur et que l'on nomme *ambatch*, que l'on pouvait transporter avec soi toutes les fois qu'une difficulté se présentait et paraissait insurmontable, que chaque soir l'on tirait à terre pour y passer la nuit et qu'on lançait de nouveau sur les eaux le matin venu, qui avançaient avec une rapidité

extraordinaire, — à cette heure, dis-je, les hommes qui s'aventurèrent les premiers vers l'oasis d'Égypte devaient déjà posséder une civilisation assez avancée puisqu'ils savaient faire des barques, leur donner la forme des gondoles de Venise, ou à peu de chose près, et possédaient par conséquent tout ce que laisse supposer cette fabrication; et, lorsqu'ils se furent assis dans la vallée plantureuse qu'arrose le Nil enfin dégagé des montagnes qui l'enserraient depuis Khartoum jusqu'à El-Kab, leur industrie primitive trouva amplement matière à progrès. Ces progrès, ils les réalisèrent en de longues et lentes époques, dont personne ne peut soupçonner l'étendue, mais ils les réalisèrent, et les récentes découvertes archéologiques ont révélé à la science étonnée une civilisation que l'on ne soupçonnait même pas, tant elle était ancienne et avancée, car cette civilisation remonte à des temps qui sont antérieurs à la première dynastie historique, celle qui s'ouvre par Ménès que l'on traitait naguère encore de fabuleux.

C'est de l'Égypte que la civilisation africaine rayonna ensuite sur l'Europe entière, si bien que nous en vivons encore sans nous en douter, que nous perpétuons ses heureuses comme aussi ses malheureuses innovations, simplement parce que les choses ont toujours existé ainsi.

La population de la Nubie a toujours dû être en rapport avec la nature du terrain qui la constitue: car ce terrain ne consiste qu'en la bande sablonneuse qui, des deux côtés du Nil, s'étend parfois à 1 kilomètre, mais qui le plus souvent n'a que 30, 40, 20 ou même 10 mètres, quand le fleuve n'a pas dû se frayer un chemin à travers les rochers des montagnes. La terre cultivable est aussi réduite qu'il est possible de se l'imaginer, et l'on comprend facilement que dans un pareil pays, malgré la proximité et l'abondance de l'eau, il soit impossible à une nombreuse communauté d'hommes de trouver à se nourrir. La population a donc toujours dû être très peu nombreuse, et toujours se rencontrer dans les environs du nombre d'habitants qu'elle comprend aujourd'hui.

Les *grandes* villes de l'ancien temps ont dû de tout point ressembler à ce que sont les *grandes* villes d'aujourd'hui, pour la bonne raison que le terrain ne comporte pas les agglomérations de villes populeuses, d'abord parce qu'il n'y a jamais l'étendue qu'il faudrait en Orient pour une grande ville, et par là j'entends une ville de 20 000 habitants, et d'autre part pour les plantations et les moissons nécessaires à l'alimentation de pareils rassemblements humains, car l'homme doit manger pour vivre : il le devait autrefois comme à présent.

Cette population, aujourd'hui, est dans un certain nombre de centres plus peuplés que les autres, et que nous dénommons villes : elles sont en fort petit nombre ainsi que les villages. La ville de Korosko, par exemple, n'est une ville que pour la Nubie, et de même aussi Ouady-Halfah : il y a dans ces deux centres des employés en assez grand nombre et une population indigène qui n'est pas sensiblement plus grande que la moyenne des villages nubiens. Depuis que Ouady-Halfah est devenue d'abord la ville-frontière de la Nubie du côté du Soudan, puis la tête de ligne du chemin de fer qui va jusqu'à Khartoum, elle a pris assez d'importance à cause de l'afflux de l'élément étranger; mais, depuis que l'expédition heureuse de Kitchener-pacha a reconquis la Haute-Nubie et le Soudan, Ouady-Halfah a beaucoup perdu de son importance : elle n'en conserve actuellement que par suite de sa position de tête de ligne.

Dans mon voyage, je n'ai vu qu'une seule ville dont la population fût un peu nombreuse, peut-être de 10 000 habitants : c'est Deïr, la capitale de la Basse-Nubie avant la nouvelle administration inaugurée par Lord Cromer, à la suite de la victoire de Kitchener-pacha sur le Mahdi et ses partisans.

Mais, s'il n'y a au plus que trois ou quatre centres habités qui méritent le nom de petites villes ou de gros villages dans la Basse-Nubie, en revanche le nombre des hameaux y est presque ininterrompu. En quelque endroit que l'on jette les yeux, il est bien rare qu'on n'y aperçoive pas quelque hutte en terre ou quelque construction en briques crues. La disposition de ces maisons ou de ces huttes est encore plus primitive en Nubie qu'en Égypte : le climat ne réclamant que rarement un abri, toute la vie se passe en plein air, à l'ombre de quelque arbre ou de quelque mur, s'il fait trop chaud; au soleil, si la température semble trop froide à des gens qui habitent un pays brûlé par l'astre du jour.

Les plus grandes de ces habitations ne sont que de véritables parcs à bétail, où les habitants rentrent les animaux le soir et couchent pêle-mêle avec eux. Le nombre des bestiaux est vraiment extraordinaire, pour un pays aussi foncièrement stérile que la Nubie, et il faut croire que les pauvres bêtes luttent de sobriété avec l'homme. Ce sont surtout des chèvres et des buflonnes qui partagent cette pauvreté du Nubien, avec quelques vaches et de rares moutons. Je me demandais où l'on pouvait prendre de quoi les nourrir sur les rocs qui bordent le Nil; mais n'avais-je pas vu à Abydos des chèvres et des moutons trouver leur nourriture sur un terrain où ne poussaient que de bien rares touffes d'herbe, et se délecter avec les tiges desséchées du

ASSOUAN A CONSERVÉ SA PHYSIONOMIE ORIENTALE
(Page 313).

A ASSOUAN : DES FORÇATS, DEUX PAR DEUX, DÉCHARGENT ET MONTENT LES RAILS D'UNE VOIE FERRÉE (page 314).

sorgho? Les chameaux sont encore relativement nombreux, tandis qu'il est facile de compter les chevaux, car il faut être très riche pour se payer le luxe d'un cheval, et il n'y en a guère que dans les grands centres qui sont naturellement établis dans les endroits où l'écartement des montagnes a permis à la terre de s'étendre et de produire.

Quelquefois en effet, mais bien rarement, il y a assez de terre cultivable. Cette terre ne rappelle en rien la terre noire d'Égypte, et cependant le limon du Nil, qui y a séjourné autant et plus qu'en Égypte, devrait produire la même fertilité; en Nubie, il n'y a guère que du sable, et ce sable, grâce à l'eau dont on l'inonde et au brillant soleil qui l'échauffe, est aussi fertile qu'on peut le désirer. Les habitants sont très industrieux; à peine le Nil, en se retirant, a-t-il laissé libre une partie de ses berges, que l'on y sème aussitôt les graines qui sont susceptibles de rapporter les céréales enviées : de l'orge, des lupins, de la bâmieh, etc.

A peu près tous les 400 ou 500 mètres, sur les berges cultivées et allant jusque dans le fleuve, on voit des pierres apportées par les hommes, et rangées de manière que le courant du fleuve soit détourné ou tout au moins amorti, afin que les eaux ne puissent emporter le sable sauveur et nourricier. Quand le site l'a permis, on a planté des palmiers aussi nombreux qu'on l'a pu, et de loin ces palmiers, rapprochés, quelquefois dédoublés et triplés sur une même souche, semblent former un bois épais, et donnent à ce pays aride le ton de la vallée d'Égypte.

Lorsque la terre leur en offre la possibilité, les indigènes ont grand soin de l'arroser abondamment, et pour cela ils se servent de *saqîehs* souvent très rapprochées les unes des autres. On peut en compter jusqu'à vingt ou trente en l'espace d'un kilomètre; elles indiquent ainsi combien la terre est pauvre, puisqu'elle a si grand besoin d'humidité, et sans doute aussi combien elle est divisée puisqu'on peut irriguer de grandes étendues de terrain avec une seule de ces roues à chapelets de pots se déversant dans une auge. Elles fonctionnent du matin jusqu'au soir; en se levant de la montagne arabique, le soleil les trouve déjà à l'œuvre, et en se couchant dans la montagne libyque, il illumine encore de ses derniers rayons les animaux qui tournent toujours, les pots qui apparaissent encore ruisselants d'eau, les roues continuent de grincer l'une sur l'autre et l'eau de porter la fertilité dans les champs, pendant que le conducteur, de son chant monotone, excite son attelage de maigres vaches ou le chameau efflanqué sur qui retombe tout le travail.

Quand on a eu en quelque sorte les yeux brûlés par la réflexion du soleil sur le ravin, c'est un agréable repos que de regarder les bouquets de grandes feuilles qui se balancent au vent tout en haut du tronc, et les troncs eux-mêmes, tranchant sur la couleur du sol et sur celle des feuilles, reposent la fatigue des yeux. Si à la distance vient s'ajouter une courbe capricieuse ou savante du fleuve, le spectacle est encore plus attachant et plus riant, et le voyageur se figure une terre qui n'a aucun rapport de similitude avec celle qu'il parcourt, une terre qui se pare de toutes les couleurs et de tous les biens de la plus riche nature. Le magicien qui opère cette transformation, c'est la lumière. Mais, quand on arrive tout près de l'endroit où l'on se figurait une terre riche de bénédictions, le charme a cessé : attendez quelques instants et vous le retrouverez plus loin, opérant de la même façon sur notre imagination, et tout aussi trompeur.

Les indigènes de la Nubie sont grands, et semblent forts; ils ont le teint cuivré plutôt que noir. Ils portent d'amples vêtements originairement gris ou blancs, mais que l'usage a rendus d'une couleur sans nom, et je soupçonne fort qu'on les porte jusqu'à ce qu'ils ne soient plus portables, tout comme le font les fellahs égyptiens. Cependant l'étoffe dont ils se servent pour les confectionner est d'une qualité meilleure que celle ayant formé les pauvres habits du fellah; le tissu en est autrement serré et doit faire un usage autrement long que la méchante cotonnade bleue dont se servent les paysans de l'Égypte. Les hommes et les femmes sont à peu près vêtus de la même manière; ils ne portent pour toute coiffure que leurs longs cheveux arrangés en masses bouclées, plus longues cependant chez les femmes que chez les hommes. Les dames ont grand soin de se passer à l'aile du nez un anneau d'argent quand elles sont assez riches pour s'en procurer, car la vanité féminine se trouve en Nubie tout aussi bien qu'en Europe, et elle se trouverait également sur le Bahr el-Ghazal, encore plus au centre et au fond de l'Afrique où les femmes, par pure vanité, se chargent d'anneaux de fer très lourds, dont nous n'oserions pas en Europe ceindre les jambes ou les bras d'un forçat. Elles sont très travailleuses : en certains endroits ce sont elles qui cultivent les quelques parcelles de terre qui leur sont échues dans le partage de la richesse terrestre. Elles connaissent très bien la valeur de l'argent. Dès qu'un bateau de voyageurs arrive à un débarcadère quelconque, elles accourent en foule avec leurs enfants : les hommes viennent aussi et, sans aucune honte, sans la moindre vergogne, ils demandent aux touristes des *bagschischs*, non pas pour leur avoir dit bonjour, comme en Égypte, mais simplement parce que les étrangers se trouvent sur leur territoire et traversent leur village. C'est le droit de passage qu'ils réclament, tout comme on le réclame encore dans l'Afrique australe et dans toutes les régions de l'Afrique centrale. Si les voyageurs harassés de ces demandes continuelles ne donnent rien, comme cela arrive quelquefois, les femmes et les enfants huent littéralement ces touristes trop économes, qui ne veulent même pas donner ce qui est juste; on les couvre d'injures, on leur lance du sable quand ils se sont rembarqués, on poursuit le bateau de cris et de projectiles autant qu'on le peut, puis tout à coup le tapage cesse comme par enchantement, et l'on reprend en riant le chemin de la maison, ayant dit plus d'injures que récolté de piastres.

La population de la Nubie est donc aussi mendiante que celle de l'Égypte, mais non de la même manière : les Nubiens ont plus de fierté que le fellah égyptien, sans cependant en avoir beaucoup : ce sont trop souvent les voyageurs eux-mêmes qui les incitent à la mendicité par leur ostentation et leur générosité mal entendue. Des gens stupides, ayant reçu par leur naissance une quantité trop grande de biens dont ils ne savent que faire, s'amusent à lancer des piastres ou des doubles piastres au milieu de la foule accourue, et alors on assiste au spectacle écœurant de gens qui se disputent, se bousculent, engagent une véritable bataille pour s'emparer de la petite pièce d'argent. Comme le plus souvent le terrain de

A LOUQSOR : LES MERCANTIS HABITAIENT SUR LE FLEUVE, DANS LEUR DAHABIEH (page 313).
PHOTOGRAPHIE DE M. LEMOINE.

cette lutte est la rive même du fleuve, que cette rive est ensemencée, le combat ne va pas sans destruction des récoltes : les femmes maîtresses de ces petits champs ou simplement chargées de les cultiver, accourent alors armées de grandes tiges de sorgho qu'elles cassent sur le dos des combattants, puis charmées du spec-

DES MUSICIENS ET DES INSTRUMENTS D'UN PITTORESQUE TROUBLANT... — PHOTOGRAPHIE DE M. LEMOINE.

tacle, elles se mettent à rire en montrant leurs belles dents blanches et regardent les lutteurs comme s'il s'agissait de toute autre chose que de la ruine de leurs espérances.

Le Nubien, d'après ce qu'il est possible de juger en suite d'une rapide excursion dans son pays et d'après ce qu'on peut voir en Égypte, est plus sociable que le fellah égyptien. Cette sociabilité se montre toutes les fois que l'occasion se présente, et par tous les moyens.

Il émigre souvent de sa terre natale pour se rendre en Égypte où son honnêteté éprouvée — honnêteté relative, mais réelle — lui fait donner des places de confiance, comme celles de *haouab* ou portier, de commissionnaire, de cocher.

Son aspect est plus propre que celui du fellah égyptien : ses habits lui vont bien, forment en tombant des plis dignes de la statuaire grecque, et ils ne sont jamais couverts de poussière ; ses babouches luisent d'un rouge éclatant.

Il sait en un mot se tenir à la hauteur de sa position. Il a conservé le meilleur souvenir de sa terre brûlée et brûlante, de la région montagneuse où il est né, et son grand désir est d'y retourner quelque jour avec le petit pécule qu'il aura amassé, demi-piastre par demi-piastre. Il est d'une sobriété encore plus grande que celle du fellah égyptien, et cette sobriété lui est nécessaire pour atteindre son but, car ses gages sont plus que légers.

En attendant qu'il revoie son pays, s'il rencontre quelque compatriote il lui fait fête de son mieux, c'est-à-dire prodigue les paroles de politesse encore plus que ne le fait l'Égyptien ; on voit souvent par le Caire deux Nubiens, se tenant par le petit doigt de leurs mains, s'en aller à travers les rues et se donner les marques de la plus grande joie et de la plus vive tendresse.

Dans les fêtes religieuses et publiques — en Égypte c'est tout un — les enfants de la Nubie font bande à part et de leurs claires voix de fausset ils donnent au saint dont on célèbre la fête plus de louanges en dix minutes que les Égyptiens en une heure, aimant à palabrer comme ils faisaient dans leurs villages.

Ils adorent la musique, non la nôtre, mais la leur, quoique il n'y ait pas entre les deux autant de distance qu'on le pourrait croire ; ils ont des airs bien faits, qu'ils chantent en alternant avec un coryphée, sans s'astreindre à répéter servilement un refrain ; ils scandent la mesure en battant des mains, et, sur le bateau à vapeur qui nous emmenait à Ouady-Halfah, sur ce fleuve tant admiré et si longtemps inconnu, sous un climat splendide et au milieu d'une nature sauvage, c'était merveille de les voir, merveille de les ouïr.

Leurs chants retentissent encore à mes oreilles, je les vois laver le pont du bateau en dansant et en chantant, car chez eux la mimique est intimement liée au chant, et je revis encore ces heures si douces à vivre, malgré la chaleur et le voisinage de voyageurs sentimentaux qui prennent plaisir à étaler leur admiration à contre-temps : le chant et la danse des Barbarins de l'équipage forment l'un des plus doux souvenirs que j'aie conservés de mon voyage.

LES PETITS CAFÉS DU VIEIL ASSOUAN VOISINENT AVEC LES CARAVANSÉRAILS MODERNES.

Sans doute on pourrait se procurer ailleurs un plaisir analogue, et plus raffiné, et plus compréhensif, surtout plus policé ; mais, cher lecteur, ce n'est ni le chant déjà avancé quoique primitif, ni la mimique vulgaire qui sont restés dans mon souvenir, c'est l'ensemble de tout le tableau qui a captivé mon âme et ma mémoire, cette solitude sauvage et si belle, ce merveilleux spectacle d'une nature si différente de ce que je

DES BATELIERS, UN POLICEMAN, ATTENDENT L'EMBARQUEMENT POUR PHILÆ. — PHOTOGRAPHIE DE M. P. GODARD.

vois en Europe et de ce que je voyais dans la vallée du Nil; c'est cette vie sur le fleuve, mes rêveries au passé et à l'avenir, les visions flottantes qui se mouvaient devant mes yeux, c'est tout ce faisceau de circonstances peu ordinaires qui a fait que cette simple musique et cette danse primitive ont laissé dans mon âme une trace si profonde que je voudrais, hélas! sans espoir, vivre toujours ces instants de ma vie à jamais écoulés.

De leur côté, les femmes nubiennes sont loin d'avoir les mêmes usages qu'en Égypte : elles ne se voilent nullement et se montrent aux yeux des hommes qui sont leurs voisins telles que la nature les a faites; elles ne sont aucunement farouches et ce n'est point un crime contre la sainteté de leur religion, une sorte de profanation rituelle, que de leur adresser la parole.

Il y a parmi elles un assez grand nombre de négresses qui sont encore esclaves, ou qui l'ont été, pauvres femmes qui n'ont guère que l'apparence humaine, si grandes ont été les privations subies à travers la vie qu'elles aiment malgré tout.

La présence de ces négresses servirait à elle seule pour attester le mélange des races, si l'on ne trouvait un assez grand nombre de types différents, dont presque aucun n'est pur, tellement il y a eu changement et variation des types par suite des événements politiques.

Parfois cependant, on rencontre certaines femmes qui semblent encore la vivante image de quelque princesse lointaine dont le souvenir s'est perpétué grâce aux artistes de la vallée du Nil. Tel était le cas d'une jolie et mignonne petite femme qui se rencontra à Deïr.

Elle avait le corps petit, mais très bien proportionné, autant que l'on pouvait en juger à son costume.

Les mains étaient fines, bien que le travail en eût fait grossir les doigts; ses pieds étaient de ceux qui seraient admirés, même en Europe; sa figure était petite, un peu étroite; les pommettes étaient saillantes; les yeux, sous une arcade sourcilière assez fournie, ne ressemblaient aucunement à ceux des Égyptiennes, où l'antimoine avait et a toujours presque autant de part que la nature, ils étaient petits, mais fins et riaient de plaisir sous les regards qui la considéraient et la détaillaient avec brutalité.

Accroupie à l'angle de deux murs, elle avait devant elle sa meule où elle broyait le sorgho, destiné à faire le pain de son seigneur et maître; les gestes arrondis qu'elle était obligée de faire pour tourner sa meule étaient gracieux et dignes comme ceux d'une reine. Elle se savait certainement jolie; elle était jeune et partant un peu coquette.

Quand elle riait, elle montrait ses dents fines, blanches comme du lait et brillantes comme des perles; ses mouvements agitaient les colliers qui lui pendaient sur la poitrine, et dont quelques-uns contenaient des bijoux en forme de coquilles ou de perles en or; leur musique paraissait être agréable à ses oreilles et elle semblait se dire en elle-même : « Regardez-moi bien, étrangers, regardez-moi bien, car j'en vaux la peine, et voyez si en vos froids pays vous avez d'aussi belles femmes qu'il y en a une ici! »

De fait, c'était la représentation vivante de l'une des femmes de Ramsès II, de celles qu'on voit sur les côtés des statues gigantesques représentant ce pharaon dans le temple de Louqsor.

Assurément elle ne se doutait pas de cette ressemblance, mais en ce pays si pauvre et si désert elle se savait reine en vertu de sa beauté.

A la fin cependant, fatiguée des regards et des paroles indiscrètes de quelques voyageurs, ayant entendu que je parlais arabe avec quelques-uns des habitants de la ville, elle s'adressa à moi — et sa voix était douce et claire comme le son du cristal — pour me prier de dire aux indiscrets que c'était assez l'avoir regardée, et d'un geste rapide elle ramena une partie de sa coiffure devant son visage; mais son œil mutin riait encore sous le voile.

Le sifflet du bateau qui appelait alors les retardataires, — et c'étaient presque tous les voyageurs rassemblés autour de la petite fée nubienne, — fit plus pour sa délivrance que n'auraient pu le faire des paroles que je n'avais d'ailleurs aucun droit d'adresser à mes compagnons de route.

Le vapeur nous emporta vers d'autres spectacles; mais en ma mémoire je gardai le souvenir de cette vision passagère de la petite princesse nubienne jadis au faîte des honneurs et aujourd'hui reléguée dans une pauvre maison de Deïr, et obligée de moudre le grain qui la doit faire vivre, elle et son mari.

Le voyageur sensible à la beauté des sites sauvages que lui présente la nature, sera amplement récompensé des fatigues d'un voyage en Nubie, car, à chaque heure du jour, — on ne voyage pas pendant la nuit — cette nature lui offrira une série ininterrompue de spectacles enchanteurs, qui resteront ineffaçablement gravés dans sa mémoire. Le plus souvent, il n'est pas même nécessaire de faire un pas pour jouir des plus magnifiques spectacles, il n'y a qu'à se mettre sur un banc à peu près au centre du bateau à vapeur, à s'asseoir aussi confortablement qu'il est possible, et à regarder, tantôt à droite, tantôt à gauche, et l'on voit passer comme dans un kaléidoscope les paysages les plus admirables et les plus grandioses dans leur magnifique horreur. A chaque instant ils varient, car le fleuve fait des courbes, et aussi le bateau pour suivre les endroits où l'eau est profonde, et en un moment l'angle de lumière sous lequel on voyait le paysage est changé, et la scène semble s'être parée d'un décor nouveau. Ce ne sont que des jeux de la lumière, mais combien splendides! Un ruissellement de cristaux et de diamants n'est rien auprès.

Quel est l'homme qui penserait que du sable pur, des ruisseaux de sable tombés des montagnes, saurait à lui seul former un des plus magnifiques spectacles qu'on peut être admis à contempler? Tantôt ce sable sous la lumière est blanc comme l'argent, il semble couler doucement vers la rive du fleuve et se jouer en coulant; puis il prend des tons fauves, il devient mordoré, et si d'aventure quelque nuage voile un instant la face du soleil, il prend la couleur du plomb. Le plus souvent il ruisselle en grande masse d'or, et lance des rayons aveuglants, tombant non plus doucement, mais comme en une masse liquide de métal en fusion et se précipitant vers le fleuve. Si parfois il est arrêté dans quelque anfractuosité de rocher, il semble défier le regard par l'éclat fulgurant de sa couleur lumineuse. D'autres fois encore, sur les rives mêmes du fleuve, il semble un filon de pierres précieuses que les bouleversements du globe auraient jetées là, il a des scintillements d'agathe, d'émeraude,

LA CATARACTE D'ASSOUAN FAIT ENTENDRE AU LOIN SON GRONDEMENT CONTINU.

de turquoise, des couleurs aussi tendres et aussi douces que celle de l'améthyste, des éclairs de rubis, et l'on jurerait que le sol tout entier n'est qu'une mosaïque de diamants et de pierres précieuses. Cependant c'est là un cas assez rare et qui n'est sensible qu'en de certaines conditions atmosphériques. Sans doute mes lecteurs auront tous vu les jeux de la lumière électrique : les décors merveilleux, qui, dans certaines féeries, comme *Cendrillon*, éblouissent le regard, et semblent le dernier mot du beau lumineux, sont, en effet, admirables; mais que sont ces jeux de l'art et de la science en face des jeux autrement puissants de la grande et belle nature? Mettez en outre au milieu de ce ruissellement de lave lumineuse tombée de quelque volcan toujours en activité, les teintes plus douces de la verdure, si maigre soit-elle, des pauvres céréales cultivées par la population indigente, celles des palmiers qui s'élancent allègrement vers le ciel en se couronnant de leurs longues feuilles, celles des rares tamariscs aux tiges mordorées et aux folioles vertes, celles de cette longue avenue de sycomores aux troncs énormes qui vous semblent de loin si rapprochés les uns des autres que vous ne pourriez qu'à grand'peine vous frayer un passage,

LES EAUX DU NIL SONT SILLONNÉES PAR DES BARQUES DE PLAISANCE. — PHOTOGRAPHIE DE M. LEMOINE.

et vous aurez là un spectacle à nul autre pareil, où les tons les plus divers se font valoir les uns les autres sans se heurter, car sous cette lumière admirable et grâce à la distance, tout est fondu ensemble comme sur une palette enchantée vous présentant d'elle-même les couleurs les plus fines et les plus variées.

Si par hasard vous êtes fatigué de ce ruissellement d'or et d'argent, vous n'avez qu'à lever un peu les yeux, à porter votre regard un peu plus haut, et, sans changer de place, vous verrez passer devant vous des montagnes géantes pour la Nubie, des rochers énormes qui flamboient au soleil, des aiguilles de pierre qui jaillissent du sol d'un seul jet et semblent vouloir escalader le ciel pour le percer de leur pointe. La nature encore là semble avoir voulu se rire des hommes et de leur habileté, leur montrer que ce qui passé à leurs yeux pour des merveilles n'a été qu'un jeu de ses forces puissantes. Quand le voyageur voit pour la première fois les trois grandes pyramides de Gizeh, il reste confondu d'admiration devant leur masse imposante et devant le génie persévérant qui les éleva dans le ciel. Souvent on s'est demandé comment les architectes égyptiens en étaient venus à l'idée qui présida à la construction des pyramides. Les historiens de l'art architectural en Égypte n'ont pas manqué d'élucider ce problème chacun à sa manière : les uns ont prétendu que l'idée de la pyramide était venue en voyant des monceaux de terre s'accumuler; les autres que c'était en observant les tas de blé au moment de la récolte; d'autres encore ont inventé d'autres explications.

Je me garderai bien de vouloir ici énoncer une explication nouvelle de la genèse des pyramides dans l'esprit humain; je dirai seulement que sans doute les architectes égyptiens n'ont fait qu'exécuter artificiellement les modèles que la nature leur avait offerts en Nubie. Les Égyptiens sont sans doute venus du centre de l'Afrique; dès la plus haute antiquité ils envoyaient des missions géographiques dans la Nubie et plus près encore de l'équateur. Or, la rive gauche du fleuve offre par vingtaines des modèles de pyramides aux yeux des voyageurs, des modèles de pyramides naturelles, triangulaires et assises sur une base ferme, solide; on pouvait les voir du fleuve, cinq ou six mille ans avant notre ère comme je les ai vues moi-même, car le fleuve a toujours été la seule voie praticable en ce pays; elles ont toujours existé aux mêmes endroits, depuis le bouleversement tellurique qui les fit sortir du sol, témoins impassibles de la vanité et de la faiblesse humaines. Il y en a de toutes les sortes, pyramides triangulaires, pyramides à degrés, pyramides rhomboïdales. Je ne sais si, vues de près, elles offrent les formes géométriques parfaites qu'elles présentent vues de loin : la lumière peut en effet, à distance, arrondir les angles, adoucir les aspérités ou les faire disparaître ; mais si les formes parfaites actuelles de ces pyramides sont dues à la distance, comme elles apparurent aux Égyptiens telles qu'elles nous apparaissent encore aujourd'hui, l'effet dut être le même.

Rien n'est beau comme ces géants de pierre qui escaladent les airs, sûrs de leur force et de leur résistance : en certains endroits, ils forment des groupes de quatre, même de cinq pyramides agglomérées dans un petit espace. Baignées par l'ardente lumière du soleil qu'elles réfléchissent avec un éclat et une ardeur incomparables, elles semblent régner sur l'immense désert chaotique qui les entoure ; avec un peu d'imagination, on les prendrait pour les derniers de ces géants qui ont, en d'autres pays, voulu entasser Pélion sur Ossa, et qui, ayant échoué dans leur entreprise, se sont vu condamner à rester immobiles dans cet enfer africain. Leur majestueuse fierté n'en a pas été abattue, et ils semblent encore dans leur immobilité magnifique se railler des vains supplices du maître des Dieux. Je les saluai avec respect et une craintive admiration. Que de fois, depuis le jour où elles surgirent tout à coup, brûlantes des entrailles de la terre, n'ont-elles pas vu s'évanouir devant leur immutabilité les empires les plus stables balayés par le vent des révolutions politiques ! Que de fois n'ont-elles pas assisté aux spectacles les plus poignants, qui auraient fait jaillir des larmes des roches les plus dures ! Et le flot des siècles s'est refermé sur les malheureux submergés, et les hommes emportés par le cours vertigineux de la vie ont continué d'entasser crimes sur crimes, lâchetés sur lâchetés ; à peine si, de temps en temps, l'éclair d'une noble et héroïque action déchirait la sombre nue des méfaits auxquels les hommes ont donné le nom de civilisation. Tout est passé, tout a cessé pour renaître : seules, les pyramides sont restées, survivant à toutes les tempêtes, et à leurs pieds sont venues se briser les vagues écumantes de l'atrocité comme du désespoir humain !

C'est ainsi que du pont du vapeur, sans changer de place, de par le seul mouvement de ce kaléidoscope marchant, on assiste à des spectacles dont je ne puis donner qu'une idée approchante. Pour peu que le voyageur ait quelque instruction et quelque imagination, pour peu qu'il puisse faire la solitude en lui-même et se délivrer des réflexions encombrantes de ses compagnons de voyage, il pourra ainsi, sans le moindre effort de sa part, se donner le plaisir exquis d'imaginations réalisées et de réalités imaginatives qui lui procureront les émotions intellectuelles les plus douces. Et ce n'est pas seulement le fleuve qui lui procurera ces émotions.

(A suivre.)   E. AMÉLINEAU.

LES ENVIRONS D'ASSOUAN SONT RESTÉS TRÈS « VIEILLE ÉGYPTE ».
PHOTOGRAPHIE DE M. F. GODARD.

UN VOYAGE EN NUBIE[1]

PAR M. E. AMÉLINEAU

II. — Lever de soleil à Korosko. — Temples de Nubie. — Le grand temple d'Abou Simbel. — Baiser du Soleil aux grands dieux de l'Égypte. — Retour.

UNE FEMME ENTR'OUVRE SON VOILE...

A Korosko, où l'on passe la nuit, un spectacle d'un nouveau genre attend le voyageur, grâce à la prévoyance de M. Cook. Pour en être témoin, il faut se lever avant le jour, prendre à la hâte un acompte sur le déjeuner, et s'empresser de suivre les guides qui vont vous faire escalader une montagne avant l'apparition du soleil. A un quart d'heure de marche de l'endroit où s'est arrêté le bateau, à peine, est une petite montagne de deux cents mètres environ d'altitude ; elle domine tout le plateau du désert oriental. On arrive au sommet par une pente très dure, mais les indigènes la montent en courant. Tant de gens se sont, à travers les âges, donné le plaisir de faire cette ascension pour des motifs divers, que la pierre a été usée en plus d'un endroit ; on y a dernièrement creusé quelques degrés, improprement nommés, afin que le pied pût trouver un point d'appui qui empêchât un glissement fâcheux. Une demi-heure de marche ascendante mène au sommet.

Ce sommet a reçu sur une sorte de plate-forme une construction carrée, sans porte, mais avec deux ou trois fenêtres. Une échelle d'environ dix échelons, adossée à la construction, permet de monter sur le faite ; mais il faut avoir de solides poignets et s'aider des genoux, car la pauvre échelle s'arrête avant d'avoir atteint le sommet du mur.

Lors des expéditions nécessitées par la défense contre les suivants du Mahdi, le Gouvernement égyptien y avait établi un poste de soldats chargés de surveiller la route allant, par le désert, de Korosko à Berber, et passant au pied de la montagne. Les soldats, s'ennuyant à ne rien voir, se délassaient en jouant à des jeux ènfantins, qui ont toujours eu un grand attrait pour les Égyptiens, et sans doute aussi pour les Nubiens, et se gaudissaient de celui qui, monté sur le fortin dont je parlais tout à l'heure, était chargé du salut universel. Ils ont laissé sur la pierre les traces de leur passe-temps.

A côté, les habitants de Korosko, ayant fait de ce lieu le site d'un pèlerinage assez fréquenté, ont voulu témoigner de leur piété par l'érection de petites stèles informes avec quelques lignes d'écriture arabe. Le fort est actuellement déserté; on y voit seulement une grande perche qui a peut-être servi de hampe à quelque drapeau anglo-égyptien; mais, le jour dont je parle, il était couvert de voyageurs qui avaient voulu l'escalader afin d'être les premiers à jouir du soleil levant.

L'heure était douce, et tout faisait présager l'une de ces chaleurs splendides que ce pays semble avoir monopolisées. Quand on avait quitté le bateau, on se guidait grâce à la lumière des étoiles, lumière limpide, et en quelque sorte veloutée; quand on eut atteint le sommet de la petite montagne, les étoiles avaient presque toutes disparu, et l'on pouvait observer à la ligne de l'horizon une légère, très légère bande de ciel commençant à se colorer. Peu à peu, le désert surgissait avec son épouvante mystérieuse et sa forêt de montagnes peu élevées, s'étageant les unes au-dessus des autres et semblant regarder en curieuses ce que font leurs voisines et si elles ont enfin trouvé le secret du mouvement. On apercevait, faisant des méandres sans nombre dans la mer de sable qui apparaissait peu à peu et se dégageait dans l'ombre, le lit de quelque cours d'eau desséché depuis des milliers de siècles:

Les voix du désert se taisaient une à une, car l'obscurité seule y parle avec une puissance qui n'a d'égale que son harmonie, et les voix de la vallée habitée commençaient à se faire entendre. Soudain, l'horizon se transforma : d'innombrables rayons glorieux comme les coureurs d'un monarque puissant, annoncèrent la présence du roi majestueux qui allait faire son apparition; puis, lentement, comme émergeant d'une mer inconnue, l'astre radieux montra son orbe qui grandissait à vue d'œil, déployant sa force et sa lumière, inondant la terre de ses clartés, forçant à sortir des ténèbres toutes les créatures qui s'y complai-

CHACUN VA PUISER L'EAU DU FLEUVE NOURRICIER DE L'ÉGYPTE.

saient : les hommes et les bêtes, vivifiant de sa chaleur tous les êtres animés. Il apparut enfin dans toute sa magnificence, rouge comme au sortir de la fournaise, et, dès qu'il eut paru, on vit clairement que c'était le roi du jour, invincible par la force de ses rayons pénétrants et défiant toute autre puissance. Que les vieux poètes égyptiens dans leurs hymnes sacré avaient bien saisi l'action de cet astre sur tout l'univers ! « Splendide est ton lever à l'horizon céleste, ô Aten (disque solaire), dieu vivant, principe de vie, quand tu parais à l'Orient pour remplir la terre de tes bienfaits. Doux et grand, tu resplendis au-dessus de la terre; tes rayons enveloppent l'univers, rendant la vie à toutes les créatures. Tu t'avances vers elles, tu les enserres de ton amour, tu dardes tes rayons sur terre et le jour suit tes pas. Quand tu étais couché à l'Occident, la terre était dans la nuit comme un mort couché dans sa tombe bien close; les yeux ne voyaient plus, les objets s'effaçaient, chacun avait caché sa tête.

« Les grands quadrupèdes avaient cessé de courir après leur proie, les reptiles de sortir de leur trou pour mordre. Le ciel lumineux s'était obscurci, et les créatures étaient devenues comme si elles se faisaient muettes, parce que leur créateur avait disparu à l'horizon.

« Mais au matin, quand tu apparais éclatant, en disque qui dissipe les ténèbres, tu répands tes rayons, et la terre est en fête; les yeux s'ouvrent, les créatures se dressent sur leurs pieds, car tu les as ranimées, tu as rafraîchi leurs membres, et elles commencent par tendre leurs mains vers toi. La terre entière est en imploration à ton lever. Chaque être remplit sa fonction : les animaux sont au repos dans leurs herbes; les arbres et les plantes s'épanouissent; les oiseaux sortent de leurs nids en volant, et leurs ailes restent tendues », etc.

Je me rappelais cet hymne qu'avait composé quelque poète du temps du Pharaon Aménophis IV, seize siècles environ avant notre ère, et je me demandais quels traits nouveaux les poètes contemporains auraient pu trouver qui ne fussent pas déjà sous le calame du scribe égyptien. Cependant, devant la magnificence qui

peu à peu, avait dissipé les ténèbres et inondé la terre de clartés, chacun s'était tu, et moi-même je m'étais retiré à l'écart afin de mieux jouir du spectacle imposant et de savourer en silence les impressions qu'il faisait naître en moi.

Les bruits innombrables du silence et du désert ténébreux s'étaient tus, et la puissante symphonie des bruits du jour et de la terre habitée éclatait avec une magnificence inouïe. Je compris alors que, venu sur la terre trente ou quarante siècles avant l'heure actuelle, j'aurais choisi les hauts lieux pour rendre mes hommages à l'astre puissant qui, seul, faisait rentrer dans l'ombre l'innombrable armée des étoiles qui venait de disparaître à sa vue de la voûte céleste.

Pendant quelques minutes, je venais d'être en communion intime avec la grande nature, j'avais vu réellement s'effacer l'obscurité, à mesure que les rayons du soleil descendaient des montagnes et par-

LE NUBIEN ET SON COURSIER.

venaient jusqu'au sol de la terre ; j'avais vu jaillir des ténèbres ce qu'on appelait la route de Korosko à Berber, c'est-à-dire le lit de quelque fleuve antique, aujourd'hui desséché, que les hommes utilisent pour leurs voyages dans cet immense espace inhabité ; sous la lumière, il apparaissait, se tordant en replis tortueux, miroitant par son sable que la lumière commençait dès lors à faire resplendir, comme les écailles d'un serpent monstrueux qui se chauffe au soleil. Soudainement, il fallut revenir à la vie civilisée, retourner au bateau dont on entendait le sifflet, et je ne sache pas de corvée plus amère que d'entendre les réflexions vulgaires de ses compagnons quand on vient de communier intimement avec l'immensité, la magnificence et la splendeur, que de se trouver au pied de la montagne aux prises avec les réalités de la vie ordinaire, les cris stridents, les bousculades effrénées, les luttes avides qui me tombèrent sous les sens quand je fus arrivé au bateau où quelques voyageurs s'amusaient à lancer de menues pièces d'argent au milieu de la foule hurlante qui se démenait. Je compris que le saint homme Moïse, descendu des hauteurs du Sinaï où il avait conversé bouche à bouche avec Iahveh, tombant tout à coup sur le spectacle semblable que lui donnèrent les Israélites, se fût mis en colère et eût brisé dans son courroux les deux tables de pierre sur lesquelles Dieu lui-même avait pris soin de graver sa Loi !

Le terme de notre voyage fut Ouady-Halfah, village perdu dans les sables qui bordent les montagnes de chaque côté. Le fleuve fait de nombreux détours au nord de ce village; l'aspect de ses rives s'est complètement modifié. Sur la rive gauche, ce n'est plus qu'un vaste désert, une mer immense de sable, tranquille aux jours où je la vis, mais terrible aux jours des tempêtes brûlantes, avec des flots de sable dont les mouvements ont été tout d'un coup figés dans l'immobilité la plus complète : on ne distingue plus de montagnes, sinon sur la ligne de l'horizon. Sur la rive droite apparaissent quelques mamelons au dos arrondi, des aiguilles assez rares, espacées les unes des autres, et qui semblent percer l'air de leurs pointes; les tamarisces qui s'étaient évanouis reparaissent soudain avec des palmiers, et la vue quelque peu fatiguée par l'ardeur des sables où elle tombait, est reposée tout à coup par ces touffes de verdure sur lesquelles elle peut s'arrêter à l'aise. Au fond d'un détour que fait le fleuve, apparaît le village de Ouady-Halfa sur la rive droite : le minaret d'une mosquée semble vouloir escalader hardiment le ciel, mais s'arrête au milieu de son effort, comme s'il eût dû être excessif, puis quelques maisons blanches se montrent et disparaissent au milieu d'une avenue de mimosas et d'acacias, reparaissant ensuite, et par delà les maisons, dans de maigres cultures, péniblement arrosées, on voit des femmes courbées sur leur travail, comme de pauvres insectes brûlés par la chaleur torride du midi. Car en Nubie, comme dans le Soudan, comme généralement dans toute l'Afrique équatoriale, l'homme a conservé sa dignité, et si chez nous *le travail, c'est la liberté*, selon une parole célèbre, en Afrique il en est tout autrement : le mâle se contente de fumer, de boire, de manger, de procréer et de faire la guerre, et la femme travaille péniblement pour nourrir son seigneur et maître, pour subvenir à ses pauvres besoins et à ceux de toute sa famille. Vérité en deçà des Pyrénées, erreur au-delà.

Il n'a pas été question jusqu'à présent, dans les descriptions de ce voyage, de monuments antiques, dont la présence en Basse-Nubie semble seule justifier un déplacement aussi considérable.

Quand le simple voyageur a parcouru tout d'une traite l'Égypte entière à la recherche de ses monuments, qu'il a vu ses temples grandioses et magnifiques, ses tombeaux splendides et ses pyramides majestueuses, écrasantes; quand, en Nubie, il se trouve presque chaque jour en présence de monuments beaucoup moins considérables, dont l'état lamentable de ruines ne saurait aucunement répondre à son attente, il faut avouer que ce simple voyageur n'est guère récompensé de son voyage, s'il n'a pas su trouver sa récompense dans le spectacle de la nature.

Cependant, les temples ne manquent pas; il y en a un peu partout, et quelques-uns très importants, comme celui de Deïr, celui de Dakkeh ou même de Qalabscheh ; pour le voyageur doublé d'un archéologue, il y aura ample moisson de renseignements à glaner dans tous les temples échelonnés depuis Philæ jusqu'à la seconde cataracte; de même, l'artiste trouvera çà et là des motifs de décoration qui lui seront un salaire spécial. Mais pour tous, simple voyageur, archéologue ou artiste, rien ne vaudra la vue des deux temples d'Abou Simbel, ou, comme l'on dit ordinairement, d'Ipsamboul.

SUR LE FLEUVE DESCENDENT DE GRANDES BARQUES CHARGÉES DE PAILLE HACHÉE.
PHOTOGRAPHIE DE M. LEMOINE.

Ces deux monuments, surtout le grand temple, peuvent être mis au nombre des œuvres les plus grandioses et les plus magnifiquement belles que le génie de l'homme ait créés.

Tous les deux datent du règne de Ramsès II qui gouvernait l'Égypte quatorze siècles environ avant notre ère. Ce grand constructeur, d'un bout à l'autre de l'empire égyptien, parsema son empire des constructions les plus diverses de forme et de décoration, et, non content des monuments qu'il faisait lui-même élever, il ne croyait pas déroger en faisant graver ses cartouches sur toutes les constructions antérieures qui avaient l'heur de lui plaire; c'est cette passion monumentale qu'on désigne d'ordinaire sous le nom d'usurpation.

Ce Pharaon, qui pouvait se vanter d'avoir à son actif le Ramesseum à Thèbes, une partie du temple de Louqsor et de Karnak, notamment une partie de la grande Salle hypostyle, le temple qui porte son nom en Abydos et la décoration de la première salle hypostyle de celui de Séti Ier — je ne veux citer que les plus célèbres et les plus beaux, — qui se faisait bâtir des villes entières aux confins de son royaume, comme celle qu'il nommait Heroopolis, ou ville de ses *Exploits*, crut qu'il n'aurait pas fait assez pour sa gloire si dans cet endroit de la Basse-Nubie, qu'on nomme actuellement Abou Simbel et où le fleuve est enserré entre la chaîne des montagnes libyques et un plateau sablonneux qui monte graduellement vers les élévations supérieures il ne faisait construire un temple à son père Ammon. Partout le désert, la solitude et le silence. Le village le plus rapproché est encore à une bonne distance de 3 ou 4 kilomètres. Pourquoi avoir

choisi ce site pour celui de deux temples? Le grand constructeur devait avoir un motif, et ce motif il se montre clairement aux yeux de qui sait voir.

Les deux temples bordent le rivage de leur façade, et l'on est tout d'abord confondu à mesure que l'on voit défiler d'abord les colosses du petit, et surtout ceux du grand temple. L'admiration et l'étonnement que l'on ressent suffoquent littéralement, et cela presque avec la même intensité qu'en présence de la Grande Pyramide, car l'œuvre en son genre peut aller de pair avec la construction de la pyramide de Khéops.

Passant sans doute quelque jour en ce lieu, le Pharaon y fut frappé de la disposition de la montagne; il vit qu'un éperon de la chaîne libyque affleurait le fleuve, non pas un éperon ordinaire, mais d'une longueur, d'une hauteur et d'une profondeur considérables, où le calcaire permettrait tous les travaux des carriers, et il se sera dit que le lieu était bien choisi pour y creuser un de ces spéos, l'une de ces grottes que savaient si bien former dans la montagne les ouvriers de l'Égypte pour en faire les tombeaux de leurs souverains ou des grands officiers des Pharaons.

Si Ramsès II n'eut pas lui-même cette idée, et si quelque grand artiste de sa suite la lui suggéra, on ne doit pas lui en savoir moins de gré, car les rois, Pharaons ou autres, sont toujours rares qui sont capables de mener à bonne fin, ou simplement de comprendre les idées de génie qu'on leur suggère, et Ramsès II, s'il ne l'eut personnellement, comprit et fit exécuter celle qui lui fut suggérée et dont l'exécution est, sans contredit, l'œuvre la plus remarquable de son règne.

La montagne, pour le grand temple, a été parée, taillée, sculptée sur une largeur de 38 mètres, sur une hauteur de 33 mètres et sur une profondeur de 68 mètres environ. Pour le petit temple, l'œuvre a été moindre de moitié ; mais le tout n'en représente pas moins une œuvre de Titans qui, à leur audace, eussent joint l'habileté suprême d'artistes consommés et de créateurs de génie.

Ce qu'il y a de remarquable, en effet, ce n'est pas l'œuvre immense que l'on a tirée du sein de la montagne, c'est la perfection avec laquelle tout a été fait, depuis les cynocéphales gigantesques couronnant le grand temple au sommet de la montagne, jusqu'aux colosses énormes, surhumains, qui gardent l'entrée des deux temples ; c'est le sentiment exact et sublime des proportions de l'œuvre avec celles de la Nature.

Ce n'est pas de terre, en bas des monuments, qu'il faut observer ces proportions, car bien qu'on lève la tête, une partie de la montagne échappe au regard, c'est du milieu du fleuve, et sans doute mieux encore de la rive opposée.

On peut ainsi voir le tout d'un seul coup d'œil, et alors rien ne paraît disproportionné : l'entrée du temple gardée par les quatre grands colosses semble toute naturelle, les cynocéphales rangés au-dessus, en retrait de quelque 20 mètres se distinguent à peine, comme en haut de la corniche d'une colonne on voit les ornements que la fantaisie de l'architecte y a placés.

Pour retrouver un pareil coup d'audace et pareil succès, il faut remonter à ce Sphinx énigmatique, taillé dans le rocher et auquel on a rapporté une tête immense qui répond admirablement aux proportions de la roche ; il veille majestueusement sur le désert aux environs des Grandes Pyramides, et son aspect solitaire, terrifiant, l'a fait surnommer par les fellahs, depuis de longs siècles : *le Père de la Terreur*, et c'est bien en effet le père des terreurs religieuses, irraisonnées et irraisonnables que connurent les hommes à une certaine époque de leur développement moral.

Quelques détails feront mieux saisir la fantaisie merveilleuse des artistes égyptiens, et leur sentiment des proportions. Le Sphinx, depuis l'extrémité des pattes antérieures jusqu'à la queue, mesure environ 57 mètres ; il a 20 mètres de haut, son nez est de 1m70, son oreille n'a pas moins de 1m37 et la face a 5 mètres d'une oreille à l'autre. Les colosses d'Abou Simbel ont 20 mètres de haut ; la figure, d'une oreille à l'autre, ne mesure pas moins de 4m17, la bouche 1m10, l'orbite de l'œil 0m84, le nez 0m98, l'oreille 1m06 et la main 2m64.

Malgré ses proportions supérieures, le Sphinx ne fait cependant pas tant d'effet que les colosses d'Abou Simbel : autour du Sphinx l'horizon n'est pas barré, il s'étend immense de tous les côtés, et les *proportions gigantesques* de l'animal sacré se perdent, s'évanouissent dans cette immensité ; au temple d'Abou Simbel, au contraire, les colosses, par suite de l'horizon nécessairement borné de la montagne qui se dressait à pic et qui a été taillée en vue de l'effet à produire,

gagnent à l'œil du spectateur de tout ce que la montagne a perdu et semblent plus gigantesques encore qu'ils ne le sont en réalité, sans que les yeux soient le moins du monde choqués, car tout se fond, montagne, cynocéphales, immenses cartouches de frise, image gigantesque du Dieu Râ au centre de la montagne et colosses qui veillent près de l'entrée du temple.

EN ROUTE POUR LE DÉSERT. — PHOTOGRAPHIE DE M. M. L.

Il faut les voir, le soir, quand le soleil baisse à l'horizon, répandant ses clartés adoucies, et que tout dans la nature semble changer et devenir plus serein, plus tendre, plus mélancolique : le sourire que l'on croyait figé sur leurs larges, leurs épaisses lèvres, paraît devenir plus humain, plus doux ; ce n'est plus cet air de dédain gigantesque, de force immense et méprisante avec lequel ils regardaient du haut de leur taille géante les pauvres voyageurs qui, depuis tant de siècles, passent à leurs pieds et disparaissent sans retour ; c'est l'air calme, serein, plein d'une beauté condescendante avec lequel un vieillard, arrivé au soir de la vie, regarde et regrette les jeux des enfants qui s'amusent à ses pieds. Le sourire est débonnaire, et le colosse semble être devenu un doux spectateur, de géant féroce qu'il était tout à l'heure : jeux de la lumière autant que de l'imagination !

Les constructeurs de ces monuments merveilleux semblent avoir prévu la genèse de nos sensations et de nos sentiments : ils ont voulu présenter une gradation dans notre admiration, soit ascendante, soit descendante.

Quand on remonte le fleuve, ce Nil si célébré en tout temps, on arrive d'abord devant le petit temple, celui qu'on nomme ordinairement temple de Hâthor, et qui n'est que le témoignage du culte rendu par la reine, associée au Pharaon, aux Divinités féminines qui ont présidé à l'évolution humaine en Égypte, comme le grand temple a été construit pour rendre hommage aux premiers fondateurs des tribus égyptiennes.

Les six petits colosses, fixés dans leur immobilité séculaire, passent lentement aux yeux du voyageur, d'abord ; puis viennent les quatre grands colosses du grand temple, et l'admiration monte avec eux jusqu'à l'épuisement. C'est que le voyageur monte aussi vers ce centre de l'Afrique où la nature a déployé ses plus grandes merveilles avec ses plus gigantesques horreurs, vers ce pays ignoré qui attirait autant les Égyptiens de tous les temps, sous Ramsès II comme sous les Pharaons de la VIe dynastie, comme sous leurs prédécesseurs, par l'attrait de l'inconnu et de l'imprévu, qu'il suscite de nos jours les appétits immenses des nations ou la soif d'aventure des simples particuliers.

Quand on redescend le Nil, au contraire, que des splendeurs de la végétation tropicale, des horreurs ignorées et cachées dans la forêt sans limite du centre de l'Afrique, on se rapproche peu à peu de la vie civilisée, tout devient plus petit, plus mesquin, et les énormes colosses se présentent d'abord à la vue, disparaissent, pour faire place aux géants moindres qui gardent le temple de la reine et qui font place à leur tour au fleuve, jadis immense, qui avait une largeur de plus de 5 kilomètres, et qui, diminuant peu à peu, n'a pu conserver qu'à grand'peine trois mille pieds de large, ce qu'il est bien loin d'avoir près d'Abou Simbel.

Si tel est l'effet que produit la vue des colosses quand on arrive au soleil couchant, c'est bien autre chose de plus grandiose, de plus religieux encore quand on les voit au clair de lune, surtout quand l'astre de la nuit brille à l'ouest du temple. Les colosses de la façade sont alors seuls éclairés, et le jeu des ombres les fait paraître fantastiques. Il semble qu'on soit en plein pays des rêves féeriques, que l'être tout entier soit enveloppé dans l'ombre gigantesque projetée par les énormes Ramsès qui veillent à l'entrée du temple, qui l'ont su garder depuis plus de trente-cinq siècles, malgré les tremblements de terre et les agitations des hommes encore plus à craindre. La pensée est confondue, l'imagination reste

LE DIEU BÈS, BAS-RELIEF DU TEMPLE DE DAKKEH (page 32).
PHOTOGRAPHIE DE M. LEMOINE.

en détresse, et l'homme d'aujourd'hui est bien petit en face de tant de grandeur dans le passé.

Tout paraît mystère, et le trou béant de la porte semble l'entrée du royaume des ténèbres palpables. Et cependant, c'est bien cet homme si petit en face de la nature immense, qui a conçu, exécuté ces œuvres magnifiques, qui a en quelque sorte su prévoir et diriger ces ombres gigantesques, s'allongeant outre mesure, enveloppant toutes les choses, jusqu'au moment où elles mourront de leur trop grande croissance, où le soleil levant les fera disparaître pour les faire revivre d'un autre côté.

C'est l'heure où l'on aime à se séparer de ses compagnons de voyage et de leurs idées trop souvent mesquines, pour se retremper dans le mystère, dans le silence, pour vivre seul cette heure bénie, mélangée d'ombre et de lumière, de crainte et d'espoir, de terreur religieuse et de certitude scientifique. Les méditations de l'esprit en de semblables heures entrevoient bien loin dans la solution des problèmes les plus importants qui se posent à l'homme, et de cette ombre jaillit la lumière, tout comme, le matin venu, le roi du jour fera disparaître l'obscurité grâce à ses rayons qui porteront la vie et la fécondité partout où semblaient régner la mort et la stérilité.

TEMPLE D'IPSAMBOUL. RAMSÈS II PERCE UN CHEF LIBYEN DE SA LANCE.

Il n'est pas surprenant qu'en de pareils instants les Égyptiens aient su donner à leurs tentatives d'explications religieuses tant de lumière, tant de diversité lumineuse, qu'à un certain moment de l'évolution de leur pensée ils aient à peu près concentré toute leur f. dans ces mythes solaires, si étranges et si compliqués, mais dans lesquels ils ont su renfermer leurs idées d'alors, idées qui ont eu des fortunes diverses, et dont quelques-unes règnent encore sur le Monde, qui s'en défend, mais qui n'en reste pas moins le disciple des sages de l'Égypte.

Les Égyptiens avaient l'imagination ardente, l'âme sensible à la beauté sous toutes ses formes; ils ont inventé des mythes gracieux et terribles que d'autres ont parés de la poésie du langage, mais la paternité en restera toujours attachée à l'Égypte.

Il semblerait que désormais on ne saurait aller plus loin dans la voie de l'admiration; qu'après les sentiments imaginatifs qui viennent d'être décrits, le dernier mot devrait être dit; et cependant, il n'en est rien. Après avoir vu le temple d'Abou Simbel à la lumière décroissante du soleil couchant, à la lumière plus obscure et plus calme de la lune, il faut encore le voir à la clarté du soleil levant, car c'est alors, je crois, que l'intensité de la sensation, et par conséquent du sentiment, atteindra son plus haut point.

Le soleil sort de l'horizon à l'est, dans le désert arabique. A peine ses premiers rayons émergent-ils des ténèbres, qu'ils frappent le haut de la montagne, et par conséquent le couronnement des vingt-deux cynocéphales tournés vers l'astre du jour et qui sont censés le saluer de leurs acclamations, comme dans la forêt tropicale l'apparition de l'orbe lumineux est saluée par ces mêmes

LES COLOSSES DU TEMPLE D'IPSAMBOUL ONT 20 MÈTRES DE HAUT (page 330).

cynocéphales de longs glapissements partant du sommet des grands arbres dans lesquels ces animaux ont passé la nuit.

Puis l'orbe radieux monte dans le ciel, et à mesure qu'il monte il frappe sur la façade du temple les immenses cartouches entourés d'urœus qui ornent cette partie de la construction merveilleuse: il continue de monter encore, apparaît radieux, et alors ses rayons éclairent l'image colossale du Dieu Râ taillée à même dans la montagne, c'est-à-dire du Soleil lui-même personnifié et regardé comme le premier des ancêtres. L'astre s'élève encore, et les colosses, degré par degré, apparaissent et rutilent de tous ses feux, gardiens splendides, protecteurs magnifiques de ce temple où la Divinité solaire va entrer en maîtresse incontestée.

L'astre, en effet, en sortant de la ligne d'horizon, opère un mouvement de conversion qui le porte de plus en plus vers le sud. A un moment donné, ses rayons rencontrent la porte du temple, s'y glissent peu à peu, fouillent l'édifice dans ses recoins les plus intimes, et, comme les portes des diverses salles sont situées régulièrement dans l'axe perpendiculaire à la grande porte, il arrive un moment où les rayons atteignent perpendiculairement le fond du sanctuaire, l'endroit même où, sur un banc de pierre, sont assises les quatres statues des divinités protectrices de l'Empire égyptien.

Les Égyptiens, primitivement, comme encore les Chinois et une grande partie de l'Afrique centrale, comme d'ailleurs tous les hommes à l'origine, n'avaient pas de mot pour exprimer ce que nous entendons aujourd'hui par le mot « Dieu », et même dans la langue des Coptes, c'est-à-dire dans la langue égyptienne parlée par les chrétiens d'Égypte, le mot *Dieu* est un nom commun, et comme tel toujours précédé de l'article, sans aucune exception, même en s'adressant à Dieu.

Pour les Égyptiens comme pour les Chinois, les Dieux, les protecteurs, c'étaient ceux qui avaient créé la famille, les Ancêtres. C'est à ces Ancêtres qu'ils ont tout d'abord élevé des temples, qu'ils nommaient *les maisons des protecteurs*, longtemps avant qu'ils eussent imaginé les mythes, solaires ou autres, explicatifs pour eux de ce qu'ils ne comprenaient pas.

Chaque ville, chaque village, chaque maison eut ainsi ses dieux protecteurs, et c'est ainsi que se forma en partie cet immense panthéon égyptien dont la multiplicité semble devoir décourager longtemps encore, les travaux les plus persévérants.

D'ordinaire, dans les temples, le roi dédicateur est mêlé à la famille divine par excellence, c'est-à-dire à la Triade; ici, au contraire, comme pour bien signifier ce qu'il veut faire, le Pharaon dédicateur, Ramsès II, sans s'occuper des divinités locales, a placé au fond du sanctuaire quatre statues de dieux : d'abord Annakhis, représentant RA, ensuite lui-même, puis Ammon et Phtah.

Les rayons solaires se posent alors sur les quatre grands dieux de l'Égypte, ils leur donnent un baiser plein de vie et de chaleur, et, comme l'astre du jour ne ralentit pas sa course, l'instant d'après la statue d'Armakhis rentre dans l'ombre, puis celle du roi, puis celles d'Ammon et de Phtah. Encore un moment, et le sanctuaire retombe dans le silence des ténèbres, puis les salles hypostyles, puis le temple tout entier. Les Égyptiens croyaient que les dieux primitifs perdaient à chaque instant de leur vigueur; il fallait la leur renouveler en leur jetant par derrière les fluides de la vie, réunis dans une sorte d'auge rectangulaire qu'ils représentaient en arrière des grands dieux ; à Abou Simbel, les fluides donnant une vie pleine de vigueur et de force, c'étaient les rayons mêmes de l'astre du jour au moment de sa naissance périodique et journalière, c'est-à-dire au moment où plein de jeunesse et de santé il entreprend à pas de géant la course qui doit lui faire parcourir le ciel et atteindre le point où il culminera, et dès lors ne fera plus que baisser, car il devra descendre le versant de la vie pour atteindre la mort au moment où il disparaîtra à l'Occident.

LE TERME DE MON VOYAGE FUT OUÂDY-HALFAH (page 327).

Il y a une preuve que cette particularité symbolique a été voulue, cherchée et obtenue par l'architecte égyptien qui eut cette idée de génie. Sur la rive droite du Nil, dans le désert arabique, se voit une montagne située de telle sorte qu'elle interceptait les rayons solaires qui, sans elle, seraient tombés perpendiculairement sur le grand axe du temple. Si le soleil du matin doit être assez haut sur l'horizon pour dominer le sommet de cette montagne isolée, s'élevant comme un énorme cône au milieu de la solitude, le moment sera passé, l'astre du jour aura été emporté dans sa course vertigineuse et le phénomène n'aura pas eu lieu, les dieux protecteurs de l'Égypte n'auront pas reçu le baiser de l'astre du jour, leur force et leur vie défaudront, pour n'avoir pas reçu les fluides reconsti-

tuants nécessaires à la conservation de la vigueur vitale. La difficulté n'arrêta jamais les artistes de l'Égypte. Afin de rendre le phénomène possible, ils tailleront la montagne qui fait obstacle, ils l'évideront en forme de croissant concave, et l'effet sera obtenu. Et il en fut ainsi : la montagne a été évidée de la sorte en forme de croissant, et l'œil du voyageur cherche vainement à l'horizon, il cherchera vainement pendant tout le reste du voyage un seul autre exemple d'un pareil phénomène.

C'est avec un silence religieux, plein de crainte et de tremblement, que l'on voit le rayon solaire s'avancer peu à peu vers les quatre grands dieux réunis au fond de ce sanctuaire, se poser ensuite sur chacun d'eux, leur donner le baiser plein d'un lumineux mystère, puis se retirer aussi peu à peu dès que le mystère s'est accompli! N'est-il pas juste vraiment, de répéter que l'artiste, que la tête royale qui conçut ce plan grandiose et l'exécuta, fut à tous les égards un homme de génie?

Que les peintres, les sculpteurs, les historiens, les archéologues se pressent pour entrer dans le temple, puisque la Divinité en est sortie! Il y aura profit pour tous, car les salles sont décorées avec un art très grand, très sûr de lui-même, où les moindres détails ont été l'objet d'un soin très précis qui n'est jamais pris en défaut. Les historiens y verront décrite l'histoire prise sur le fait, ils assisteront aux campagnes prestigieuses du grand Ramsès, aux mille et un détails de la conduite d'une nombreuse armée, aux scènes de genre que comporte le campement des multitudes, aux actions héroïques du grand roi, au compte qu'il fait faire des mains coupées et des membres mutilés; ils le verront récompenser ses vaillants et rendre grâces à son père Ammon en massacrant les prisonniers qui n'ont échappé à la mort sur le champ de bataille que pour la rencontrer comme victimes offertes aux défenseurs de l'Égypte. Les archéologues pourront y étudier diverses cérémonies religieuses, y prendre sur le fait l'exercice du culte des ancêtres, voir le Pharaon non pas divinisé, comme on le répète si souvent par une stupide inintelligence des faits, mais Dieu lui-même et par naissance et par le droit de la place qu'il occupe, rendant à ses pères le culte qu'un fils doit aux auteurs de ses jours. Au temple de la reine, ils y verront que les femmes royales, entrées dans la famille divine, étaient associées aussi à ce culte impérial, tout comme l'impératrice de Chine accompagne son mari en certains jours où ils doivent rendre au Ciel et à la Terre, les deux grands ancêtres de la race chinoise, l'hommage de leur respectueuse reconnaissance et les actions de grâce générales au nom de tout l'Empire chinois.

Les archéologues y gagneront encore de jeter un coup d'œil sur les populations mystérieuses du centre de l'Afrique. En avant de la grande porte, sur les deux énormes soubassements qui la précèdent et qui supportent les colosses, sont deux rangées des prisonniers faits au cours des campagnes entreprises par le Pharaon. Sur l'un d'eux est la représentation des prisonniers nègres, parmi lesquels on peut en remarquer un qui a la chevelure arrangée exactement comme les Chinois l'ont de nos jours.

Ceux qui sont peu attirés par les inscriptions d'antan, par les représentations militaires, religieuses, ou simplement artistiques, qui sont de leur temps et qui réclament des œuvres de leur temps, ceux-là, s'il s'en trouve parmi les voyageurs, ne s'éloigneront pas du temple d'Abou Simbel sans avoir vu leurs vœux exaucés. A gauche du grand temple, pour peu que l'on s'aventure jusque-là, on aperçoit une grande plaque de marbre noir avec des lettres rehaussées d'or : c'est une copieuse inscription commémorative du combat livré près de là à l'armée du Mahdi, à Taski, au sortir d'un affreux désert. Cette tablette loquace est ainsi conçue :

« *Tablette commémorative gravée sur les rochers surplombant Abou Simbel.*

« Cette tablette est ici placée en commémoration du combat de Taski qui eut lieu le 3 août 1889, lorsque l'armée des rebelles soudanais, sous le commandement d'Abd er-Rahman Nad el-Nedjem, envoyée pour envahir l'Égypte, fut complètement défaite et leur chef tué par l'armée égyptienne sous le commandement de Grenfell, pacha-sirdar. »

On ne peut s'empêcher de rapprocher de ce spécimen une autre inscription, française celle-là, qui fut gravée de même dans un temple égyptien, à Philæ, par un grenadier :

« L'an VI de la République, le 12 Messidor, une armée française, commandée par Bonaparte, est descendue à Alexandrie. L'armée ayant mis, vingt jours après, les Mameloucks en fuite aux Pyramides, Desaix, commandant la première division, les a poursuivis au delà des cataractes, où il est arrivé le 13 Ventôse de l'an VII. »

La comparaison ne serait pas en faveur de la première, surtout si l'on recherchait les difficultés que les armées française et anglaise avaient eu à vaincre, chacune de leur côté. Les soldats anglais, bien armés, bien pourvus de vivres et de munitions, attendaient tranquillement une armée de pauvres nègres fanatiques, privés de toute nourriture par la traversée d'un affreux désert, mal armés lorsqu'ils l'étaient, croyant qu'il en serait avec une armée européenne comme il en avait été avec les armées égyptiennes rendues lâches par une longue désaccoutumance de la guerre, leur manque total de discipline et leur méfiance envers leurs chefs. Les soldats de la grande République Française, loin de toute base de ravitaillement, nouvellement débarqués dans un pays qu'ils ne connaissaient pas, se lançaient à la poursuite de cavaliers intrépides réputés par leur bravoure, et qui le montrèrent d'ailleurs pendant longtemps encore : en petit nombre, ils atteignirent l'île de Philæ, après avoir laissé des garnisons éparses dans les villages et les temples de l'Égypte, et si jamais une inscription commémorative d'une expédition périlleuse, hasardeuse, et cependant menée à bonne fin, comporte en elle-même sa justification, ce fut bien l'expédition française en Égypte à la fin du XVIIIe siècle. Si, de nos jours, la vallée du Nil est prospère, riche, c'est à l'expédition française qu'elle le doit ; si la science a fait de tels progrès dans la connaissance de l'Égypte ancienne et l'interprétation des monuments hiéroglyphiques, c'est encore à l'expédition française qu'elle le doit ; si, enfin, l'Égypte est devenue à la mode, si ses monuments attirent, chaque année, des milliers de visiteurs accourant de toutes les parties du monde, c'est toujours à l'expédition française qu'elle le doit.

E. AMÉLINEAU.

ON CAUSE, EN PRENANT COMME SIÈGES LES ROCHERS DE LA RIVE.
PHOTOGRAPHIE DE M. V. GODARD.

www.ingramcontent.com/pod-product-compliance
Lightning Source LLC
Chambersburg PA
CBHW061715050726
47598CB00004B/1854